CANTINFLAS TORERO

A mi hija Marina, flor de vida y ternura
A mi madre Marina, fuente de luz y amor

Rolando Rodríguez

Cantinflas Torero

Clío

Agradecemos la colaboración de
Antonio Ariza, Teresa Domínguez Hernández, Daniel González Hamdan, Jaime López "El Pato", Samuel López "El Patorro y sus Enanitos Toreros", Fundación Mario Moreno Reyes A.C., José Murillo Alvírez, Humberto Rodríguez y Galván, y Julio Téllez.

Producción: Espejo de Obsidiana Ediciones, S.A. de C.V.
Diseño: Antonio Hernández Cardona
Animación de cornisas: Enrique Martínez Maurice

ISBN 968-6932-22-4

Para Foto Ariza
con el cariño de
su amigo de ayer
de hoy y de siempre
Cantinflas

PRÓLOGO

No pretendo ni mucho menos, como si dijéramos, presumirles
de que soy muy letrado. Más bien soy falto de agricultura.
Sin embargo, dentro de mi rústico intelecto, quiero hacer algo
como tirando a comentario; como si fuera una opinión o más
bien un epílogo, que a la mejor resulta un prólogo. Esto lo hago
por tres razones: la primera, la segunda... y la tercera.

Cantinflas

EN MÉXICO, HUBO UNA ÉPOCA EN LA QUE SE HABLABA DE UNA
manera profusa e interminable: todos hacían discursos y
declaraciones. Los concursos de oratoria conocieron entonces
sus mejores momentos. Ese ambiente de verbalidad exagerada
fue propicio para la aparición de un artista singular: Mario Moreno
Cantinflas.

Al principio, en las carpas donde comenzó su fama, la gente reía de
un discurso en el que Cantinflas había acumulado —y distorsionado—
imágenes visuales y auditivas. La risa nacía de cada palabra y cada gesto.
Decía todo y no se le entendía nada.

Cantinflas, dueño de una inimitable facultad creativa, fue un maestro
de la improvisación oportuna. Creó un lenguaje peculiar: suprimió
verbos, introdujo adjetivos, unió palabras, mal aplicadas unas, bien
aplicadas las menos. Ese delirante universo verbal, sus continuos
contrasentidos y el choque de situaciones, hizo reír a un público que lo
acompañó siempre. Supo mezclar los sentidos verdaderos y falsos que
forman las dos caras del absurdo. Con su perpetua alma de niño, nos dio
una clara imagen de la razón y sinrazón del mundo. El complemento de
su actuación estaba en sus movimientos, en el manejo displicente de sus
manos —que siempre portaban un cigarro—, en su desgarbada figura,
en su cadera caída, en contraste con el resto del cuerpo, que por lo
regular permanecía inmóvil.

Heredero de los grandes cómicos de las barracas de feria, del *music
hall*, el circo y los espectáculos populares, Cantinflas adaptó, para la pla-

za de toros, acrobacias, excentricidades y parodias. La máscara del cómico torero es perfecta: vestuario, actitudes y comportamiento ante el toro.

El toreo cómico, que tiene en nuestro país una larga tradición, ha llamado siempre la atención del público por la rareza, o por la novedad, del espectáculo. El torero arrogante, el enano —a caballo o a pie—, moros, chinos, negros, niños, etc., son personajes frecuentes en la farsa que se escenifica en el ruedo.

La popularidad de Charles Chaplin atrajo consigo una cauda de imitadores en ambos lados del Atlántico; ejemplos señeros de ello son los españoles José Colomer, Cornelio Tusquellas y Rafael Dutrus *Llapisera*, que incorpora el frac y la chistera a su atuendo taurino. En los años de la posguerra, muchos toreros bufos imitaron también a Mario Moreno Cantinflas, en su atuendo y gracia, como Arévalo, en España. Del bando de Llapisera surge Pablo Celis Cuevas, que con acierto crea el original *Bombero Torero*, ataviado en consecuencia. Resulta curioso recordar que *Manolete*, antes de ser primera figura del toreo, fuera el acompañante serio de la banda cómico-taurina *Los Calderones*. Otros españoles célebres en el arte del toreo bufo: Manuel Luque, el *Chino Torero*, don Tancredo, Laurelito, don José y el *Cantinflas Siete Millones Setecientos Setenta y Siete Mil*, y la banda *El Empastre*.

En México no ha sido menos brillante el toreo bufo profesional, prueba de ello son: Jaime López el *Pato*, Samuel López el *Patorro* y sus

Enanitos Toreros, vestidos de luces y toda su música de toros; *Chema* (Pedro Rodríguez) y *Juana* (Heriberto Estrada) y sus *Botones;* la banda *Los Cuatro Siglos del Toreo en México,* dirigida por Edmundo Cepeda Díaz; Luis del Valle *Vallito* (el *Majo de la Garrocha*), Luis Vega de los Reyes el *Indio Toreador,* Mariano Rodríguez el *Cacahuate,* hombre gordo; las suertes antiguas de Carlos Morales el *Artista,* Alberto Mata, Mario Martínez y Humberto Quintas; la banda *La Familia Burrón* con el *Inspirado* como *Borolas; Don Gato y su Pandilla* de Armando Hidalgo, varios grupos *Cantimplas, Charlots* como Manolo Soto, *Reyes Magos Toreros, Los Africanos* (bufos negros), *Señoritas Toreras* y muchos más. Famosos artistas que trabajaron en carpas y teatros en la primera mitad del siglo, al igual que artistas de cine y periodistas, se han vestido de luces en los ruedos mexicanos, provocando risa y emoción.

Es el momento de decirlo: Cantinflas fue el más grande torero cómico del mundo.

El mimo mexicano fue un gran conocedor de los gustos del público. Sus movimientos los ejecutaba con perfecta conciencia del humor de los espectadores. Su personaje, con el que caracterizaba a un miembro de las clases marginadas de la sociedad mexicana de los años veinte, hizo que el público se identificara con él, y lo que es más importante, que lo mantuviera en ese sitio.

En el ruedo, antes de que el actor comenzara su diálogo, bastaba su presencia para que la carcajada del público fuera incontrolable. El espectador gozaba del genial lirismo de Cantinflas en cada suerte. El

TOREO

GRAN FESTIVAL TAURINO PRO-DAMNIFICADOS DEL ESTADO DE GUANAJUATO

DOMINGO 12 DE OCTUBRE DE 1958
A las 4.30 p. m.

Actuación Unica del Genial Mario Moreno
C A N T I N F L A S
Quien con toda Generosidad Acude en Auxilio de sus hermanos en Desgracia

A la hora anuciada, previo permiso de la autoridad que preside y si el tiempo no lo Impide se lidiarán a muerte

6 Hermosos Becerros de la Afamada Ganadería **SAN MATEO 6**

Cedidos por el escrupuloso ganadero D. Jose ANTONIO LLAGUNO, y que lucirán divisa rosa y blanca
Estos becerros serán lidiados por las siguientes cuadrillas quienes tambien actuan en forma desinteresada

M A T A D O R E S :

RAFAEL SOLANA   **GUILLERMO SALAS**
(DE EL UNIVERSAL)   (DE LA AFICION)
Que será auxiliado por los matadores retirados: Que será auxiliado por los matadores en activo:
Dn. JOSE ORTIZ y Dn. Joaquin Rodriguez "CAGANCHO"   JOSE MEDINA y ALFREDO JIMENEZ

JORGE BARBACHANO   **LUIS DE CERVANTES**
(DE TELE REVISTA)   (DE EXCELSIOR)
Que será auxiliado por los matadores en activo   Que será auxiliado por los matadores en activo
DAVID LICEAGA y JUAN SILVETI   MANUEL CAPETILLO y GREGORIO GARCIA

C A N T I N F L A S

Y LA PRESENTACION DEL NOTABLE ESCULTOR TAURINO
HUMBERTO PERAZA
Que será auxiliado por los matadores:
HERIBERTO GARCIA SR Y RICARDO BALDERAS

Actuarán como picadores. El matador de toros Jorge Aguilar "EL RANCHERO", y el Secretario Gral. de la Unión Mexicana de P. y B
Jorge Contreras "ZACATECAS" quien proporcionará gratuitamente la cuadra y Antonio Flores "PUEBLITA"

---

cómico, al oír la risa y los aplausos, ejecutaba sus desplantes en búsqueda de la aprobación de la plaza.

En los tendidos, la diversidad del público es evidente. Se mezclan en la tribuna el aficionado erudito, el torista, el obrero acompañado por su familia, las mujeres que llevan el ramo de rosas que arrojarán al diestro triunfante. De pronto, anunciándose con un bramido y sacudiendo violentamente la cabeza, el toro irrumpe en el ruedo. Frente a él la frágil figura del matador parece un espantapájaros. El torero abre entonces la sombrilla que lleva en la mano y el burel lo acomete. En el último momento, el cómico se percata de la proximidad de la fiera que avanza contra él y se aparta de su camino ejecutando una pirueta sobre sus flacas piernas. Sentado en una pequeña silla situada a la mitad del ruedo, el mimo dibuja pases increíbles, ayudado por un paraguas, dejando hipnotizado al toro por su mando, pericia y perfección en la suerte. Un torrente de ¡oooles! escapa de la multitud. El animal se vuelve y embiste de nuevo. Alza los cuernos en un movimiento relampagueante y, con un ruidoso desgarrón, le rasga los pantalones a Cantinflas, al que deja en calzoncillos de estridente color rosa, delicadamente orlados de encaje.

Cantinflas, en plan de torero, se valió de juegos cómicos inimaginables. En pleno desorden, el diestro bailaba ante el toro, con clase extraordinaria y pasos inventados por él. Tangos, pasodobles y mambos se dejaron escuchar en la plaza.

Como seguramente lo hacía con su "changuita", Cantinflas perseguía al burel, le jalaba la cola, lo abrazaba al mismo tiempo que intentaba besarle el testuz. Este cuadro, en exceso amoroso, finalizaba siempre con una graciosa huida teñida de tintes ridículos. Frente al toro, Cantinflas se transformaba: agitaba maliciosamente el bigote, sus cejas ejecutaban absurdas piruetas, entrecerraba los párpados y los ojos le brillaban con picardía. Cantinflas inventaba suertes y tretas infantiles, hacía mofa del astado, introducía técnicas y adornos que más tarde imitarían los toreros serios.

En la fiesta, por ejemplo, Cantinflas algunas veces rompía las banderillas por la mitad, para de este modo hacer más peligrosa la faena. Cuando el toro le llegaba a arrebatar la muleta, el mimo acostumbraba desconcertar al toro apareciendo detrás de él, algo que causaba gran regocijo entre los espectadores. En otras ocasiones, sin nada que lo cubriera, se quedaba firme frente al astado un instante y al siguiente se quitaba uno de sus zapatos y lo lanzaba a la cabeza del burel. O bien, Cantinflas, a mitad de la corrida, fingía desinterés y abandonaba de improviso la suerte y sólo retornaba a ella cuando crecía el griterío de la multitud ante la nueva embestida del animal.

Cantinflas tenía cualidades de matador y hay quien dice que pudo haber sobresalido en la lidia mayor. El público, que por lo regular abarrotaba la plaza más grande del mundo, la México, asistía al coso para ovacionar sus extravagantes lances, su particular manera de vivir la fiesta del toro, nunca mejor llamada, pues literalmente en una fiesta se convertía el ruedo cuando Cantinflas jugaba a ser torero.

Mario Moreno Cantinflas nació para el mundo de los toros el domingo 30 de agosto de 1936, en la plaza Vista Alegre. A la voz del clarín de las cuatro de la tarde, el comediante realizó el tradicional paseíllo con el que abrió la senda de gloria taurina que recorrería en el futuro. Esa tarde alternó con los cómicos *Chicote* y *Palillo* en una corrida de toros miuras, ¡españoles y rebeldes! En disputa estaba el Rabo de Oro. Fue una tarde memorable. Para el recuerdo, los precios en los tendidos fueron: sombra un peso, sol un tostón.

En dos corridas más actuó ese año. En la primera, el 6 de septiembre, Cantinflas encabezó el cartel con toros bravos de Garibay Hermanos. En la segunda, el domingo 7 de noviembre, consigue en el toreo de la Condesa un lleno impresionante —cerca de 23 mil aficionados. En esta corrida disputó un mano a mano con Medel y Chicote. Fue una tarde llena de colorido y de estrellas, tales como Leopoldo el *Chato* Ortín, Rosita Lepe, Gabilondo Soler *Cri-Cri*, Esperancita Baur, Emilio el *Indio* Fernández, Pedro Armendáriz y Jorge Vélez, con un encierro de los Garibay. El maestro de ceremonias fue Alonso Sordo Noriega.

Una amplia carrera de torero bufo realizó Cantinflas en los más variados festivales: principios de año, días de reyes, fiestas de la primavera, días de las madres, fines de año; generalmente se trataba de funciones de beneficio. Aún se recuerdan fechas como el jueves 6 de enero de 1938, cuando se llevó a cabo el Festival de las Estrellas en el toreo de la Condesa con bravos toretes de casta. Al frente del festejo estuvieron Cantinflas y Medel, acompañados por Pedro Vargas, el Indio Fernández, Pedro Armendáriz, Arcady Boytler y Gabriel Soria, quienes fungieron como "matadores". Picaron en burro Joaquín Pardavé, Carlos López *Chaflán*, el Chato Ortín, el *Panzón* Panseco, Luis G. Barreiro y el mimo *Alpiste*.

Los aficionados de antaño nunca olvidarán el martes 19 de febrero de 1946 cuando, en el toreo de Cuatro Caminos, Cantinflas partió plaza al lado de Manuel Rodríguez Manolete. El diestro bufo despachó un torete de don Heriberto y el *Monstruo* de Córdoba novillos de don Juan Aguirre. Sus alternantes en el cartel de esa tarde ejemplar fueron, ni más ni menos, *Armillita*, Silverio Pérez, Luis Procuna, Pepe Luis y *Pepín Martín*.

Otra corrida memorable fue la que escenificó en la plaza México el 1° de enero de 1948, en la que se lidiaron seis bravos becerros de casta. En soberbios caballos árabes, partieron plaza en aquella ocasión Luis Aguilar y la bella Miroslava. Detrás de ellos cruzaron la arena con gallardía Cantinflas y el tenor Pedro Vargas. Dispuestos también a lidiar a muerte a sus adversarios se presentaron, como dignos alternantes del cartel, Pedro Infante, Armando Calvo, el comediante *Kíkaro*, Jorge Rachini y Luis Barrera Fuentes. Se derrochó gracia a raudales en todos los tercios. Enormes fueron los prodigios realizados con la capa y la muleta. Vestido como el gendarme desconocido, Cantinflas, al momento de perfilarse a matar, tiró la espada y ejecutó la suerte limpiamente con la mano, indultando de esta manera al bravo becerro de la ganadería de don Humberto González. Simbólicamente, el juez le concedió orejas y rabo. Se levantaron grandes ovaciones cuando el matador dio una vuelta triunfal al ruedo.

La primera aparición en celuloide de Mario Moreno Cantinflas fue en una película de Miguel Contreras Torres, *No te engañes corazón* (1936), donde interpretó un papel secundario. El año siguiente participó, en plan estelar y en compañía de Manuel Medel, en la película de Arcady Boytler *¡Así es mi tierra!*, donde representó al *Tejón*. En la cinta, el personaje que encarna se enfrenta a un becerro y demuestra con sus lances enorme capacidad gestual. Cantinflas luce un excelente toreo de piernas, aunado a una indiferencia casi desdeñosa frente al toro. Por un momento, el toreo se despoja del elemento trágico que le da sentido.

Contratado por Santiago Reachi en 1939, el mimo participará en varios cortometrajes publicitarios, encargados a Fernando Rivero y Carlos Toussaint. Estos dos cineastas también realizaron reportajes fílmicos donde Cantinflas luce su alegría y gracia taurina: *Toreando bajo el paraguas*, *El as de la torería*, *Olé mi gabardina* y *El gendarme torero*. En 1941, y de forma involuntaria, aparece en *Carnaval en el trópico*, cinta de Carlos Villatoro, en una escena en la que se celebra un festival cómico-taurino. Al tanto de las exigencias del público, la compañía Posa Films International comienza a producir largometrajes exclusivos con Cantinflas. En la película *Ni sangre ni arena* (1941), de Alejandro

Galindo, Cantinflas interpreta al matador Manolete, demostrando de paso sus enormes cualidades taurinas en escenas filmadas en el toreo de la Condesa.

Según Santiago Reachi, productor de la cinta, "para la filmación de *Ni sangre ni arena* varios miles de espectadores habían sido congregados en la plaza, con el fin de dar a la escena la debida realidad. Pues bien, cuando apareció Mario Moreno en traje de calle, esa multitud prorrumpió en gritos de sorpresa indignada. Y al hacer su entrada Felipe González, el doble de Cantinflas, que iba a realizar la faena, la sorpresa se transformó en tumulto: toda esa gente sabía que Cantinflas era buen torero; en consecuencia, él, y no su doble, debía torear. El artista se puso el traje de luces, cogió capa y espada, y se dispuso a actuar. Soltaron el toro, pero al darse cuenta de que era un animal joven, de apenas dos años, otra tempestad de gritos partió de la turba: aquello era una burla, un insulto al ídolo. El novillo fue sustituido por un toro recio, de maciza envergadura y cuernos impresionantes. Mario hizo frente a la situación valientemente, y por más que tenía dos años de no torear, provocó los aplausos de la concurrencia, al fin satisfecha. En otra ocasión, se encontraba en el ruedo vestido de *clown* y desempeñando un papel cómico, cuando soltaron por equivocación un toro enorme, muy bravo, que se precipitó hacia el artista. Éste tuvo que habérselas con el animal hasta que le llegó ayuda, y lo hizo muy bien."

Cantinflas, en esa cinta, encarna a un personaje que sueña en triunfar como torero y que finalmente brilla como un auténtico lidiador, lo mismo en el toreo cómico que en el serio, ya que sus pases en la pantalla son de antología.

Con *La vuelta al mundo en 80 días* (1956), película de Michael Anderson producida por Mike Todd, Cantinflas se internacionaliza. En ella aparecen escenas taurinas que resultan muy lógicas en el conjunto de la acción, aunque no estuvieron previstas en el libreto original. *La vuelta al mundo...* es una versión libre de la popular novela de Julio Verne, en la que *Passepartout* (Cantinflas) enfrenta a un toro con la ayuda de un mantel, en la plaza Chinchón, en Madrid. Su alternante, Luis Miguel Dominguín, quien desarrolló una auténtica lección de buen toreo, quedó estupefacto al presenciar el depurado estilo y dominio de las suertes de Cantinflas cuando éste demostró su profundo conocimiento taurino.

Su última intervención como torero bufo en el cinematógrafo la apreciamos en *El padrecito* (1964), película de Miguel M. Delgado. Cantinflas, en el papel del padre Sabas, hace las delicias de los cinéfilos por su graciosa y peculiar forma de ejecutar suertes con temple y estupenda técnica taurófila.

La pasión por la fiesta del toro era en Cantinflas tan grande que en ella incursionó como aficionado práctico, gran torero bufo y, finalmente, como criador de reses bravas. La mundialmente famosa ganadería Moreno Reyes Hermanos, que fundó junto con sus hermanos Eduardo y José a fines de 1959, fue una moderna instalación dotada de amplios recursos y de tecnología especializada.

La primera corrida que estrenó el hierro Moreno Reyes fue lidiada en Jiquilpan, Michoacán, en noviembre de 1963. Hubo seis orejas cortadas por los matadores Joaquín Bernardó, Rafael Rodríguez y Juan Silveti. El segundo encierro lo lidiaron, en la Monumental de Tijuana, el *Ranchero* Aguilar, Fernando de la Peña y Manuel Benítez el *Cordobés*, el 4 de julio de 1964. En la ciudad de México se presentó Cantinflas como ganadero el 6 de febrero de 1966 en el toreo de Cuatro Caminos, con un cartel integrado por Antonio Ordóñez, Joselito Huerta y Raúl Contreras *Finito*.

Cantinflas, como todo verdadero amante de la fiesta brava, desde muy joven entró en contacto con el mundo taurino haciendo tareas de maletilla. Fue presidente fundador de la Unión Mexicana de Toreros Cómicos, a partir de 1942, donde figuraba como secretario Carlos Morales el *Artista Cómico*, y también el novillero José Martínez el *Tapatío*. Su trayectoria fue larga. Realizó corridas triunfales en Guatemala, Venezuela, Colombia, Perú (donde fue cornado), Estados Unidos, Portugal (en beneficio de un banco de ojos) y, por supuesto, España. En México destacó en las mejores plazas, en corridas que generalmente eran en beneficio de niños y damnificados. El 19 de febrero de 1974, en un festival dedicado al ejército en la plaza México, se despidió de la fiesta taurina, como ejecutante, no como fiel aficionado.

La fiesta de los toros ha sido legendariamente sitio de reunión del poder y el arte. Espíritu de gracia y gallardía en sus protagonistas. Luz de la seda y pasión en la arena. Espectáculo que refleja color y forma. Mario Moreno Cantinflas nació para los toros.

Rolando Rodríguez

14

ENTRELE AL TORO

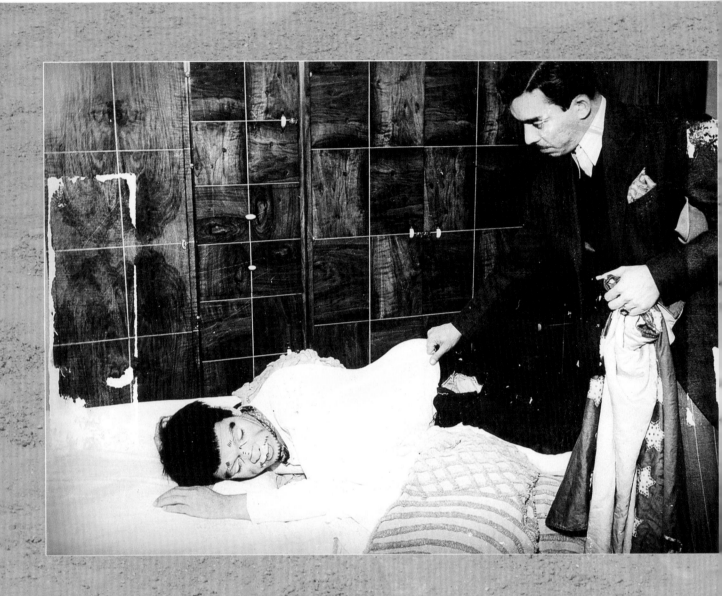

Arriesgarse, aguantar, parar, templar y mandar, cinco principios básicos para el buen torear.

La espuerta de Cantinflas reúne
todos sus sueños de
triunfo. Además del capote
y la muleta, contiene
sombrero "de quesadilla",
camiseta larga y raída,
paliacate-corbatín, taleguilla
a media asta sobre las caderas
con faja de trapo, zapatillas
prestadas y gabardina importada.

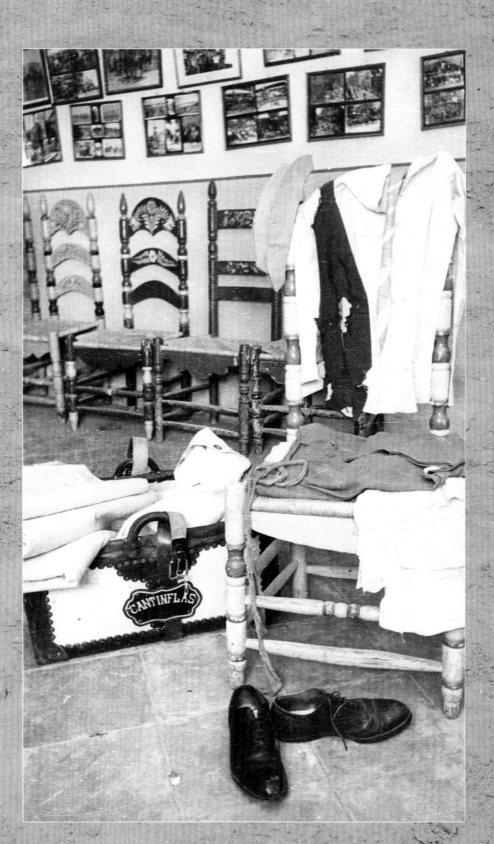

El toreo cómico es para
Cantinflas una de tantas
facetas en las que aplica su
genio de gestos, de intención
o de contenido humorístico.
Y así como en el juego se
descubre la psicología del
niño, así en el toreo cómico
vemos a Cantinflas al desnudo,
lo vemos más cerca, en su
intimidad, que a través de las
luces y sombras del cine.

Cantinflas, maestro del
toreo cómico mundial,
dispuesto a otra más de sus
grandes tardes.

Suena guitarra mía para un artista
que no tiene rival,
salgan de mi garganta las tristes notas
que me hacen llorar,
suena guitarra mía para que el mundo
hoy me oiga cantar.

Vámonos para los toros
a ver a Mario Moreno,
es un torero valiente
como el mejor mexicano;
con la capa es un desmán,
sus quites insuperables,
con la muleta dominando al natural
y con la espada tampoco tiene rival;
porque así de bien lo sabe hacer
porque así de bien lo sabe hacer.

Cantinflas eres artista,
eres torero valiente,
tu gracia cautivadora
es el orgullo de mi raza que te adora.
Por eso yo en mi anhelo
como buen aficionado
te brindo a ti esta canción,
como tú brindas frente al toro el corazón.

"Con permiso de la autoridad, yo he hecho muchas
veces el paseíllo, y pueden creerme que el miedo
no anda en burro... ¡sino en toro! Y es que el toro
va a lo que va y el matador viene a lo que viene, y si
el que va se encuentra con el que viene y no
hay un entendimiento, entonces ya sabe
a lo que se atiene."

Se escuchan parches y metales;
son las cuatro de la tarde.
El primer espada recibe la
gran ovación; lluvia de confeti
y serpentinas... ¡Todo es júbilo!

Se escucha "El cielo andaluz". La voz de la plaza saluda
con un sonoro ¡olé!... Se inicia el paseíllo con mucho
salero y alegría.

"Cuando Manolete vino a México, allá por el año 45, hubo un festival taurino en la hacienda de un viejo compadre mío y me invitaron a que toreara unas vaquillas con el *Califa*. Entre los invitados especiales estaba el presidente de la República. Íbamos a iniciar el paseíllo cuando de pronto me di cuenta de la situación tan comprometida en que estaba: el mejor torero del mundo a mi lado, el presidente entre el público y yo con mi gabardina deshilachada y los pantalones abajo. Entonces me dieron ñáñaras y le dije a Manolete: 'Monstruo, tire usted p'alante, que yo tiro p'atrás.'"

Llega a los tercios y saluda a la autoridad.

"Sin salirnos de la aritmética y ante la división de opiniones, multipliquemos nuestra pasión por la fiesta... y ¡sálvese el que pueda!... Que no creo que sean muchos..."

Sus experiencias taurinas lo llevaron a ejercer un arte nuevo, para el cual no podía confiar en su charla deshilvanada y torpe, sino que le era necesario apoyarse únicamente en gestos, actitudes y saltos pintorescos. El público de las plazas de toros había aprendido a gozar con este otro Cantinflas mudo y, sin embargo, igualmente elocuente.

Cantinflas en el callejón, posando con un aire muy pinturero, espera la hora de la verdad. El público ansía que salga el primero de la tarde.

El diestro esboza una franca
sonrisa en el burladero de
matadores, mientras el clarín
anuncia la salida del toro.

"Yo pienso que el buen
aficionado, el que sabe ver
toros, debe tener en cuenta que
el toro de lidia es un animal
noble, que sale al ruedo a pelear
con nobleza y en buena lid;
no es justo que se encuentre con
una bola de montoneros,
ventajosos, agazapados detrás
de los burladeros, esperando a
burlarse de él, frente a miles de
espectadores que se hacen
cómplices de este engaño.
Y al noble animal no le quedan
más que dos alternativas para
seguir viviendo: o es muy bueno lo
que le hagan, para ganarse el
indulto... o es reservón, manso y
muy menso y no aguanta nada,
y en ese caso también lo
devuelven al corral vivito
y coleando."

"No te me vayas a ladear, porque
me llevas torito. Así chiquito.
Así por la buena. Éntrale mi vida.
Ay Dios. Ay ampárame Diosito.
Ay no te acerques mucho.
Avísame cuando te arranques.
Toro. Torito chulo éntrele
derecho papacito.
¿Qué te cuesta? No te me
acuestes porque me... Ay torito...
Así no me veas feo. Pues qué
te he hecho. Así mi chiquito.
No seas tonto mi vida.
Entra derecho papacito.
Pues qué te cuesta pues..."

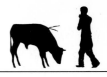

"Hablar y conocer de toros debería ser privilegio exclusivo de las
vacas, que son las que conocen de sus debilidades. Y ya lo dijo
el conocido cronista taurino: 'La fiesta brava no es graciosa huida,
sino apasionada intriga.'"

Cantinflas hace un quite muy comprometido. Engaña la embestida. Al sentir el vértigo, la gente grita ¡olé!

"Arránquese. No tenga miedo. Arránquese. A... Arran... Espérese
no se vaya a arrancar —oh... oh..."

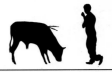

Rey de la risa, conquistas multitudes
toreando en guasa y jugando sobre el capote vas,
eres de verdad torero cabal que toreas con valor
y en la guasa no hay un torero de arte que luzca igual.

Con el capote luciendo vas tu brazo
...con loco frenesí gran faena das
y dibujando tu capa el cantinflazo,
eres torero artista y algo más,
eres valiente y te ciñes junto al toro
como un gran torero de gracia y tu arte sólo eres tú.
Olé.

Para torear con gracia un torero
que derrocha mil finuras con valor
luciendo el cantinflazo que es superior,
toreando sólo tú te juegas así
...eh...ja...entra...olé.

37

Dueño de los terrenos del burel, hace una fregolina muy templada.

"Al torero le escama, siendo un torero de sangre
como yo —medio sangrón—, que haya mucha gente en el ruedo.
Nos gusta que nos dejen solos completamente, sin el toro,
y entonces sí, a ver a cómo nos toca..."

"La fiesta brava es insustituible, porque ahí se conjugan el valor,
el arte, las facultades, el talento y todo eso que hay que hacer
para pararse frente a un toro."

"Que el toro es una cosa seria, sí se lo puedo asegurar... Tan seria que yo nunca he visto reír a un toro. Eso no quiere decir que en la fiesta no haya alegría y cosas que provoquen risa."

—Mire qué toro le tocó en suerte...

—Ay mamacita linda... Ése es un búfalo.

—Vamos, hombre, vamos. A ese toro le da usted tres recortes y ya está.

—¿Hay que recortarlo?

—Sí, hombre.

—Recórtamelo por favor, y que quede chiquitito.

"Se han dado casos de que el que se queda solo es el toro. Yo me acuerdo de uno, que cuando le tiraron al matador un ramo de flores, se acercó y depositó en ellas una lágrima furtiva, que le salió de un cuerno; y es que era de los otros (de los otros de reserva, no vayan a creer que de los nuestros)."

El mimo pone un par de banderillas al quiebro dejándolas en todo lo alto.

"Estas reflexiones que me hago pudieran ser fruto de las
correteadas que he sufrido, ante públicos muertos de risa
que saben de antemano que soy comediante y torero bufo,
y que ningún daño le hago a los toros, pero los toros no lo saben
¡y ése es mi problema!"

45

Si yo fuera lucero
torillo mío...;
si tú fueras el claro
toro del río...,
¡qué banderillas
de plata iba a clavarte
por las orillas!

¡Mira, mira! ¡Toro, toro!
De frente cito y te espero,
yo, bambú banderillero,
y tú, la silla del moro.

—Pero, hombre de Dios ¿qué va usted a hacer?

—Pero, padre, ese dinero nos hace falta para el dispensario.

—No vamos a devolver las entradas. Ya me encomendé a Santa Verónica y a San Cornelio y que me echen al Toribio... Ay, Diosito, agárrame en tus alturas.

Y vengan *toas* las flores del
mundo entero a morirse de
rabia frente a mi banderilla.
Tan poca cosa..., tan chiquilla...,
¡pero vaya salero!

"Cuando ustedes vengan a
toriar, citan al toro, con
serenidad desde luego. Si
acaso ven que el toro no se
arranca, quiere decir que no
acudió a la cita, por lo que hay
que dictar una orden de
aprehensión, y es entonces
cuando ya entra la policía,
porque verdaderamente cuando
el toro se arranca, ya ni la
policía le entra."

Alguien le grita: "¡Suerte!" Y el matador afirma con la voz y la montera: "¡Va por ustedes!"

Cantinflas brinda la faena: "¡Por la changuita con más detalle de la plaza!... ¡Va por ti!"

"Mucho les agradezco a los que dicen que soy un fenómeno del toreo, pero nunca podré desviar mi principal razón de ser, que es hacer reír a mis semejantes, sobre todo a las criaturas, a los niños, por quienes pongo todo mi afán para que sean felices."

"Para hablar de toros, cualquier: puede hablar... pero para hablar de toros bravos, ya hay que cambiar de toro y de tercio... y as poder hablar de pitón a pitón, siempre dando el pecho... Porqu ya se ha dicho que no es igual ve los toros desde la barrera que estar en la barrera y no saber de toros..."

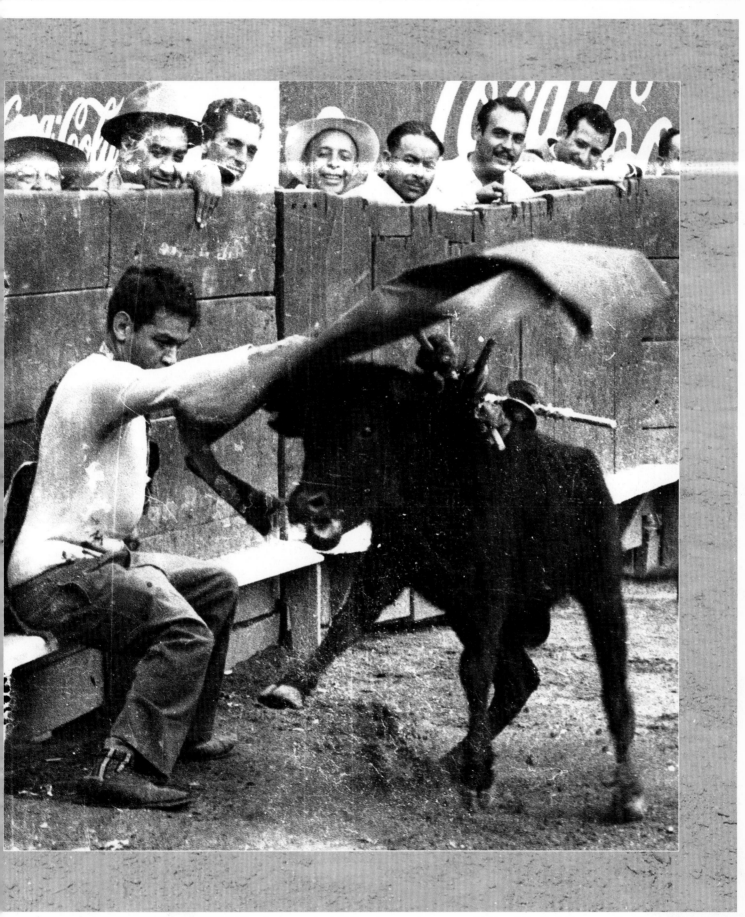

"Yo desde luego, no
pretendo saber más que
aquellos que de veras saben,
pero mi punto de vista es
diferente, porque yo sí he
estado cerca del toro, o
más bien, el toro ha querido
estar cerca de mí."

"Le dije a Manolete: 'Manolo, a ti te dicen Monstruo porque toreas
en terrenos muy cortos y yendo siempre para adelante... Yo
también soy el Monstruo, pero al revés, porque lo hago
en terrenos muy largos y para atrás.'"

Sin perder el valor, Cantinflas se va con decisión para armarla
en grande, pegándole un derechazo por arriba, caminándole
al toro para irse acomodando con él.

"El toro es y debe saber ¿qué es?... Hay que estar junto a él para
saber lo que es. Y esto se los digo con toda mi bilis torera,
y comprendo que el toro es el animal que no se ha emancipado y
que sigue en sus mismos principios de amolar al que se le
ponga enfrente."

Con alientos temerarios
y haciendo sonar los cobres
les pide a los millonarios
dinero para los pobres.

Y si de cerca y de lejos
les dice con mucho ardor:
No se arruguen,
no se arruguen, cueros viejos,
no se arruguen
que los quiero pa' tambor.

Mario Moreno ha venido
derramando gracia fina

para escuchar el corrido
con todo y su gabardina.

Voy a escribir versos,
los voy a escribir con tinta
al astro de la pantalla
Mario Moreno Cantinflas.

Por tu generosidad
eres el más popular,
igual se te ve en las tablas
que en ruedos para torear.

Mario Moreno
yo te brindo mi canción,
es un brindis muy humilde
pero en él va el corazón.

Te doctoraste en risa
porque eres el más genial,
por simpatía y cariño
eres internacional.

Quién te apodó Cantinflas
que tu apodo lo acertó,
en tu alma de azteca tienes
la gracia que Dios te dio.

Mario Moreno,
yo te brindo mi canción,
es un brindis muy humilde
pero en él va el corazón.

"Porque yo me acuerdo de las palabras textuales de un torero,
que a la hora de tirarse a matar dijo... ¿qué dijo? Eso es lo que a él
le hubiera gustado decir, pero el toro lo agarró
'desaprevenido'. Y, sin embargo, sostuvo lo que dijo, y el toro,
comprendiendo la indirecta, le contestó: 'Lo más que quieras decir,
me lo dices en la enfermería.'"

"Yo he visto, porque a mí me consta —sin poder asegurarlo— que
muchas veces se dan casos en que no se sabe y sin embargo,
ahí está el toro. ¿Qué quiere decir?... ¡Que hay toros alegres!...
¿O usted nunca ha leído de algún cronista, que el toro embistió
con alegría?... En cambio, nunca habrá sabido de algún toro que
haya muerto embargado por la tristeza..."

Cantinflas hace el desplante del "teléfono" y, exponiendo bastante, logra comunicarse a su casa: "Voy a triunfar porque soy el as de la torería cómica."

65

—¿Cómo le gustan a usted los toros?

—Me agarró usted hablando. (*Come.*) Los toros a mí me gustan en adobo ¿verdad? Con salsita borracha. Viera usted. Mmm...

—¿Qué tipo de toro le gusta a usted más para su estilo de torear?

—Mmm... (*Come.*) El toro de lidia. Sabe usted. Ya cambia. El toro de lidia tiene usted, por ejemplo.., el toro que usted tiene que... ¿Qué toro tiene usted? Ya es en cierta forma. No. Ahora que no obstante eso a mí ninguno. Honradamente ninguno.

—¿Cómo que ninguno?

—Digo ninguno que... (*mastica*) que... que no se adaite a ciertas circunstancias. A mí me pasó un caso. No es hablar del caso ¿verdad? De que en una ocasión... Claro que uno pues, como es, ciertamente ¿no? Me agarro yo... el toro salía en una forma... (*sigue comiendo*) que pues francamente yo dije éste... ya salió. Pues no. Todavía estaba entorilado. Entonces me di cuenta, qué casualidad, o en este caso, a mí échenme cualquier toro que... Páseme una enchiladita por ai, por favor. (*Sigue comiendo.*)

Cantinflas hace con el toro toda clase de suertes arriesgadas y
graciosas. No tiene en cuenta las normas clásicas de
Pedro Romero y *Paquiro*, como arte de buen torear, en sus tres
tiempos de parar, templar y mandar.

"Palabra que se dice muy fácil, pero que ya en el terreno del animal,
es muy difícil. Yo voy a decirles lo que siento, porque palabra
de honor que es algo serio. El toro que, viéndolo desde arriba
es chico, cuando se encuentra a dos pasos de uno, como
por gracia de Dios, se desarrolla de un modo ¡que hay que ver!"

"Y ora que digo toreo, por poquito y no toreo aquí —Caracas,
Venezuela—, porque la dificultá estuvo en que pa' la primera
corrida me echaron toritos de pecho, y aunque aquí no saben
hacer el negocio de la reventa en tacos de barbacoa y tortas de
milanesa, no diré que por un servidor ¿verdá?, pero se agotaron
las entradas, y ai me tiene usté apurado porque ni modo que
crecieran los becerros. Total, que un día me quedé con el capote
en la mano. Pero no crea usté, luego se arregló el asunto y me
hice unas faenas."

El gran mérito de Cantinflas es que siendo la muerte y la
sangre necesarias para el mexicano, que concibe morir por
la patria como finalidad digna del héroe, haya sabido sustituir la
tragedia por la comedia. Y que haya cambiado el signo de su
historia: no morir por la patria, sino vivir por y para la patria.

—Pero, hombre, le va a tocar el toro más bonito.

—Pues será muy bonito, pero a mí no me gusta.

—¿Qué le pasa?

—Miren, honradamente... Yo francamente no soy torero, soy carpintero y tengo quehacer.
Es que le tengo miedo a los cuernos... Tengo familia... por favor.

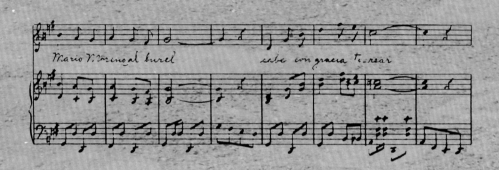

Mario Moreno al burel
sabe con gracia torear
y en los tendidos se ve
que todos ríen a rabiar.
En la pantalla también
sabe la risa arrancar
no hay un artista como él:
es un astro colosal.

Con una gracia sin par
en el coso un torero se ve,
no es matador de verdad
pero todos le gritan olé...

Es el as del buen humor,
su toreo es de furor,
cómico inmenso de ley
es de los bufos el rey.

Pero otra circunstancia debe notarse. La de que usted —Cantinflas— es español de la Nueva España, que fue el milenario México, y sabe apasionarse con lo que los españoles nos apasionamos y ama nuestras costumbres y nuestro carácter y torea mejor que el que lo inventó, y es sufrido y humilde en sus interpretaciones predilectas, que tanto tienen de biográficas.

En los toros hemos descubierto a un Cantinflas con una
gran piedad para lo humano. Para destacar bien el contraste de la
riqueza y pobreza, se viste con la ropa más pobre, como una
caricatura de la pobreza y se entrega al juego del humor y la ironía.
Allí está Cantinflas reflejando su infancia: el niño no sabe el porqué
de las cosas, y siendo pobre, es millonario en ironía. Y por la
ironía descubre la riqueza de su espíritu.

Cantinflas, sublimado en el ruedo, dibuja pases increíbles,
mientras el astado parece hipnotizado por el mando,
el arte y la perfección de las suertes.

Cantinflas llenó el toreo de Cuatro Caminos, en un festival de beneficio prodamnificados del estado de Guanajuato, con becerros de San Mateo. Los tendidos se llenaron de algarabía y entusiasmo cuando salió Cantinflas para lidiar un fácil y noble becerro de la trasquila, al que le hizo mil monerías y gracejos, como acostumbra, dada su experiencia y pupila para conocer la psicología del público.

Cantinflas es una realidad para el pueblo mexicano, y también es un
símbolo. Ha heredado la vieja leyenda de los toreros que,
por ser famosos y grandes, se deben a su pueblo y dan dinero
para instituciones benéficas o para aliviar a particulares
necesitados: un buen torero no puede tener mal corazón.
El arte y la maldad no pueden concebirse unidos.

En ti
hay un gran paladín,
exponente cabal
del tipo popular...

Aquí
eres tan popular
y es tu fama mundial
como artista genial...

Cantinflas tú...
eres as del toreo,
frente al burel
armas siempre jaleo...

Y tu disfraz,
alegría a granel,
hace reír a palmotear...

Al ver
tu figura especial
con la gracia y la sal
de tu andar singular...

Y oír
"el detalle" triunfal
en tu forma de hablar
de risa hay que morir...

A tus pantalones de "pelado"
el valor sereno va fajado,
en tu sombrerito "de tajada"
va sonando ya la carcajada...

Y bajo el ropaje de mi pueblo
se oculta en tu pecho un algo bello...
en tu corazón, siempre en la mano,
llevas el honor de mexicano...

Cantinflas, tú
eres as del toreo,
el redondel
luce con tu meneo...

Y tu disfraz
alegría a granel,
hace reír y palmotear.

"Lo curioso es que, cuando yo toreo, pienso hacerlo en serio;
lo siento y no me salen las cosas muy en serio que digamos, y el toro
creo que también lo entiende así, porque pocas veces me ha
agarrado y colabora conmigo."

"... Y la muerte de este toro se la brindo a usted...
Por usted y la virgencita de Guadalupe. Palabra de honor...
Ahorita no me agarran... este toro... Que me echen
dos empalmados. Ahorita va a ver lo
major de lo major..."

"El toro. El toro era bueno, pero con genio, señor. Y que se arranca el toro ¿verdad? Y el público nomás usted hubiera visto. Y cuando yo vi que al toro que traiba genio. Una quebrada no resultaba ¿verdad? (*Empieza a torear.*) Entonces a pararse, señor. (*Adelanta la muleta.*) Acá nomás. Así bonito entra. (*Torea en redondo.*) Así metiendo la pierna. Entra. Olé. Olé... Uh... Ah... El primero ligadito, señor... Apronto lo agarre. Ya me agarró forzado. Pero ligado, señor. (*Recarga la suerte.*) Y entras al otro. (*Cierra el círculo.*) Y entras rematando en una forma y luego... Pedí agua y 'zas'. (*Bebe de una botella.*) Y luego nomás... y ligué otro así. Lo remata de pecho. (*Termina en pose.*)"

"El toro sopla (en el buen sentido de la palabra) porque, como
es lógico comprender, al ejecutar el citado verbo, siente uno aire,
y como él anda buscando el bulto, ha de decir: 'Si soplo —y aquí
está el detalle—, lo resfrío, y así es más fácil que lo agarre.' Por eso,
cuando está ya caído, ya ni sopla."

Ay cocol,
ya no te acuerdas cuando eras
chimisclán,
y ora que tienes tu ajonjolí
ya no te quieres acordar de mí.

"¡To-re-ro!... ¡To-re-ro!... ¡To-re-ro!..." vitorea la gente; la plaza se desborda ante su ídolo.

Cuando del circo Orrin a la carpa
y de Ricardo Bell a la camisa
tinta en el barrio de la gabardina
se tiende el puente de la carcajada,
surge mojada en música la estampa
de un serafín bailando con los toros
y ahí el detalle está de su lenguaje
hablando como brillan los discursos
de los héroes políticos anónimos
cuando piden un voto de confianza.
Dejó a la historia su épica figura
de cómico sinfín, y al cine el premio
de un arte universal tan mexicano
que esta medalla la ha grabado él mismo.

La gente, desbordada, exige que el juez otorgue la pata de su enemigo Juan Charrasqueado. La fiesta del toro alcanza su máxima expresión.

CANTINFLAS EN EL TOREO

Adonde aterrizará,
desprendiéndose a la vista del
público, desde un avión, para
aterrizar en el ruedo
y torear con su estilo gacho,
que no tienen *Armillita*, ni
Silverio, ni *Garza*, ni *Chucho*.
Toros de Garibay Inn, en la
famosa corrida del año nuevo.
Sombra $2.50   Sol $1.50

Mario Moreno Reyes, criador de reses bravas; obispo y oro,
los colores de su divisa. Da la vuelta triunfal por el excelente juego
que dio un encierro de su hierro... ¡Enhorabuena ganadero!

"Para una buena ganadería, yo creo que se necesita primero un buen 'pie' y luego una buena 'cabeza'. Ahorita empieza la ganadería, el año que entra tendré otra corrida y después, dos cada año. Como le digo, mi hermano lleva bien las cosas, aunque claro, nadie está a salvo de que le salgan toros mansos o difíciles. En las tientas sí doy un capotazo, pero no en broma como en las plazas, sino muy en serio."

Sólo en los hombres de madura
evolución espiritual puede
producirse el sentido del
humor. Cantinflas es la
presencia y la prueba de que
el pueblo mexicano ha ganado
las riquezas del humor, con la
gracia de un artista genuino.
"De modo y manera que no
tenga miedo: ¡Éntrele al toro!"

93

CRÉDITOS
Y REFERENCIAS

Ilustraciones

Fotografías del Archivo General de la Nación. Colección Hermanos Mayo: portada, pp. 16, 17, 18, 20-21, 24, 29, 36-37, 38-39, 39, 40-41, 44-45, 46-47, 51, 52-53, 54, 56, 57, 61, 62, 63, 66, 67, 68, 71, 72-73, 73, 74, 75, 78, 80-81, 82, 86, 87 y 89.

Fotografías de Víctor Gayol: pp. 2-3, 8, 9, 11, 12, 13, 14 y 96.

Fotografías de la colección de Rolando Rodríguez: pp. 19, 23, 25, 28, 30, 31, 32-33, 35, 36, 42, 43, 47, 48-49, 55, 59, 60, 64-65, 69, 76-77, 79, 84-85, 90, 91 y 92-93.

Óleos de Pancho Flores: *Cantinflas torero* (colección de Eduardo Moreno Laparade), p. 5; *Cantinflas torero* (colección de Antonio Ariza), p. 6.

Fotografías de León Rafael: pp. 6 y 10.

Fotografías del Archivo Cine Mundial. Colección particular: pp. 22, 26, 26-27, 34, 41, 45, 50, 58, 70, 83 y 88.

Dibujo de Benito Vázquez: pp. 94-95.

Citas

Cuando los pies de foto han sido escritos por el autor, no se da referencia bibliográfica.
Las fuentes de las canciones son partituras musicales del Archivo General de la Nación de la colección Propiedad Artística y Literaria, salvo que se especifique otra fuente.

p. 18: Ismael Diego Pérez, *Cantinflas. Genio del humor y del absurdo*, México, Editorial Indo-Hispana, 1954, p. 159.

p. 21: "Cantinflas", pasodoble flamenco, letra y música de Cornelio San Germán, registro ante la SEP (II-1947).

p. 23 arriba: Mario Moreno Cantinflas, "¡Ahí está el detalle!", en *Revista de Revistas*, semanario de *Excélsior*, núm. 4191, 25-V-1990, p. 27.

p. 25: Francisca Coronado, "Mano a mano magistral", en *Cambio 16*, núm. 119, 3-V-1993, p. 15.

p. 26: Mario Moreno Cantinflas, "Prólogo", en L. Romero, *El Cordobés y sus enemigos*, México, s.e., 1965, p. 5.

p. 28: Paco Ignacio Taibo I, *Los toros en el cine mexicano*, México, Plaza y Valdés Editores, 1987, p. 66.

p. 31: M.M. Cantinflas, "¡Ahí está...!", *loc. cit.*

94

p. 32: Cantinflas en *Ni sangre ni arena*. Comedia de Alejandro Galindo estrenada el 22-III-1941 en el Teatro Alameda.

p. 34: M.M. Cantinflas, "Prólogo", en L. Romero, *op. cit.*, p. 5.

p. 36: Cantinflas en *¡Así es mi tierra!* Comedia de Arcady Boytler estrenada el 15-IX-1937 en el cine Palacio.

p. 37: "Cantinflas toreando", pasodoble, letra y música de Pablo A. Moreno Chávez, registro ante la SEP (VII-1948).

p. 39: M.M. Cantinflas, "Éntrenle al toro", en *Vea, semanario moderno*, núm. 168, 14-I-1938, p.3.

p. 40: M.M. Cantinflas, "¡Ahí está...!", *loc. cit.*

p. 41: *Ibidem.*

p. 42: Diálogo de *Ni sangre ni arena*.

p. 43: M.M. Cantinflas, "Éntrenle al toro", *loc. cit.*

p. 45: M.M. Cantinflas, "¡Ahí está...!", *loc. cit.*

p. 46: Manuel Benítez Carrasco, *Frente al toro y el poema*, México, Editorial Diana, 1988, p. 74.

p. 47: Diálogo de *El padrecito*. Comedia de Miguel M. Delgado estrenada en 1964.

p. 48: M. Benítez Carrasco, *op. cit.*, p. 43.

p. 50: M.M. Cantinflas, "Éntrenle al toro", *loc. cit.*

p. 54 arriba: Javier Castelazo, *Cantinflas. Apología de un humilde*, México, Editorial Paralelo 32, s.f., p. 63.

p. 54 abajo: M.M. Cantinflas, "¡Ahí está...!", *loc. cit.*

p. 57: Filiberto Mira, *Vida y tragedia de Manolete*, edición de Salvador Pascual Benet, Valencia, Semanario Taurino Aplausos, 1984, p. 220.

p. 59: M.M. Cantinflas, "Éntrenle al toro", *loc. cit.*

p. 60: "Corrido flamenco a Cantinflas", letra de Luis Gutiérrez Trillo y música de Luis Ambriz y Córdova, registro ante la SEP (III-1953).

p. 61: "¡Cantinflas!", letra y música de Silviano Dañino Abarca, registro ante la SEP (IV-1951).

p. 62: M.M. Cantinflas, "Éntrenle al toro", *loc. cit.*

p. 63: M.M. Cantinflas, "¡Ahí está...!", *loc. cit.*

p. 66: Diálogo de *Ni sangre ni arena*.

p. 67: I.D. Pérez, *op. cit.*, p. 158.

p. 68: M.M. Cantinflas, "Éntrenle al toro", *loc. cit.*

p. 69: Mario Moreno Cantinflas, "Entre los cuernos. A Bolívar en Caracas...", en *Novedades*, 13-III-1943, p. 4A.

p. 70: Jorge Carrión, *Mito y magia del mexicano*, citado por Ismael Pérez Izquierdo, en *Cantinflas y una antropología del humor mexicano*, tesis de Maestría en Filosofía, México, Facultad de Filosofía y Letras-UNAM, 1962, p. 129.

p. 71: Diálogo de *Ni sangre ni arena*.

p. 72: "El bufo Cantinflas", pasodoble, letra y música de J. Pilar Conde Flores, registro ante la SEP (XII-1950).

p. 73: José María de Cossío, "Unas palabras a Mario Moreno", en *Excélsior*, 8-V-1961.

p. 74: I.D. Pérez, *op. cit.*, p. 159.

p. 77: Nota periodística en *El Nacional*, 13-X-1958, p. 10.

p. 78: I.D. Pérez, *op. cit.*, p. 164.

p. 79: "Mario Moreno Cantinflas", pasodoble, letra y música de José Rivero Carvallo, registro ante la SEP (VII-1947).

p. 80: Entrevista a Mario Moreno Cantinflas, 21 de mayo de 1970, en Jacobo Zabludowsky, *En el aire. Las veinticinco más célebres entrevistas de Jacobo Zabludowsky*, México, Editorial Novaro, 1973, p. 83-88.

p. 81: Diálogo de *Ni sangre ni arena*.

p. 82: Cantinflas en *Ni sangre ni arena*.

p. 83: M.M. Cantinflas, "Éntrenle al toro", *loc. cit.*

p. 84: Canción de *¡Así es mi tierra!*

p. 87: Alfredo Cardona Peña, "Carpas y cómicos IV. La medalla de Cantinflas", en *Revista de Revistas*, núm. 4191, 25-V-1990, p. 37.

p. 89: "Cantinflas en el Toreo", anuncio publicitario en *La Prensa*, 31-XII-1940, p. 17.

p. 91: Entrevista al ganadero Mario Moreno Cantinflas, 12 de julio de 1964, en Rafael Morales Alcocer *Clarinero, Hombres de casta. Entrevistas taurinas*, Editorial Porrúa, México, 1989, pp. 143.

p. 92: Jorge Carrión, *Mito y magia del mexicano*, citado en I. Pérez Izquierdo, *loc. cit.*

CANTINFLAS
TORERO,
de Rolando Rodríguez,
reúne en orden secuencial los tres tercios
de una faena taurina realizada por
Mario Moreno Cantinflas.
Se terminó de imprimir en los talleres de
Hindy's Enterprise Co., Ltd., Hong Kong,
bajo la supervisión de Joh Jinno
en el mes de junio de 1995.
En *Cantinflas torero* el cómico ondea el capote,
coloca sobre el lomo del burel las varas
y empuña con maestría la muleta;
pero sobre todo Cantinflas, con el toro,
juega y se divierte.

EDITORIAL CLIO. **Dirección**: Enrique Krauze. **Subdirección**: Fausto Zerón-Medina. **Coordinación general**: Fernando García Ramírez. **Investigación**: José Manuel Villalpando César, Ana María Cortés Nava, Jaime del Arenal Fenochio, Javier Bañuelos, Ana García Bergua, Ricardo García García, Raquel Huerta-Nava, Marco Antonio Maldonado, César Moheno, Ricardo Pérez Montfort, Alejandro Rosas Robles, Carmen Saucedo, Enrique Serna, Greco Sotelo, Álvaro Vázquez. **Iconografía**: Xavier Guzmán Urbiola, Ángeles Suárez del Solar, Cristina García Pozo, Rosa María González Ramírez, Margarita Laborde Dovalí, José Guadalupe Martínez, Marcela Noguez Córdoba, Elena Sánchez-Mejorada Gargollo, Carlos Silva Cázares. **Espectáculos**: Rolando Rodríguez y Galván, Norma Gómez Ríos, Rocío Márquez García. **Videogramas**: Diana Roldán, Nicolás Echevarría. **Redacción**: Rossana Reyes. **Producción editorial**: Héctor Toledano. **Publicidad**: Jeannette Porras. **Distribución y ventas**: Rosario Galindo.